LA MAFIA SEGÚN TERESA DI SCLAFANI

TERESA DI SCLAFANI DE NASCA

LA MAFIA
SEGÚN TERESA DI SCLAFANI

Publicado por Editorial TecnoTur

Maquetación por Allan Tépper

ISBN de la versión impresa de tapa blanda:

979-8-9909036-4-7

ISBN de la versión electrónica (*ebook*):

979-8-9909036-5-4

Derechos de autor (*copyright*) 2024 reservados de la autora Teresa Di Sclafani De Nasca, según las convenciones internacionales. Ninguna parte de este libro debe reproducirse o transmitirse sin el permiso por escrito de la autora, salvo en el caso de citas breves en reseñas con enlaces directamente a LaMafiasegúnTeresa.com

CONTENIDO

1. La Mafia	1
2. El Bandido 1900 - 1950	11
3. Política contaminada	17
4. El cólera de 1837 y de 1867	19
5. Hombre ilustre	21
6. Teniente Cutrona	23
7. Profesor Giovanni Salemi	25
8. Capitán Médico Doctor Damiano Drago	27
9. Coronel Médico Emilio Militello	31
10. Monseñor Doctor Rafaele Arrigo	33
11. Medallones Montemaggiore	35
12. Profesor Capitán Médico Giuseppe Mendola	37
13. Profesor Francesco Biondolillo	39
14. Doctor Profesor Pietro Drago	41
15. Sacerdote Abogado Emilio Drago	45
16. Monseñor Doctor Liborio Scaccia	47
17. Los hijos del delincuente *(romance histórico)*	49
18. Periódicos y libros	57
Acerca de la autora	59
Otras Obras de Teresa Di Sclafani De Nasca	61

1

LA MAFIA

Ortolero murió preso y Carlino igual. Fueron siete a cadena perpetua, otros a 30 años y otros 130 graves, según el periódico de Sicilia:

- 1 de octubre 1927
- 11 de octubre 1927
- 7 febrero 1928
- 27 de junio 1929
- 21 febrero 1930
- 7 de junio 1931

El Comandante Mori capturó a la banda de Rafalo Carlino en Sciacca en una operación de ocho horas. El mafioso Grisali había sido transferido al continente para combatir la delincuencia en Sicilia. Era político, prefecto de Palermo.

En su discurso del 6 de junio de 1926, Mori habló sobre el último bandolero de Sicilia y el deber social en la recaudación de impuestos. Dijo que Sicilia eliminó a una escoria, Spinelo Perticone.

Un artículo del periódico Italia del 21 de julio de 1931 señaló que Sicilia ocupaba el primer lugar en criminalidad relacionada con la Mafia.

Lucio Drago Saleme fue un bandido de Sicilia. En aquel tiempo la Mafia controlaba los gobiernos de turno y los magistrados de los países vecinos, que se hacían llamar «galandomini» de la justicia.

Su majestad católica Felipe V de España conquistó la libertad con la Mafia, pero los sicilianos se alzaron contra el borbón y todos los italianos se pusieron en contra, el 12 de enero de 1848.

En Palermo el 4 de abril de 1860, resonaron las campanas con la llegada de Giuseppe Garibaldi al movimiento que unía a Sicilia en defensa de la libertad, la ley y la moral. No contaba con que todos obedecían al borbón y en 1861 envía al señor de Calabria. Angelo Pugliese se une a Cícero Guccione de Alia. En San Giovanni, Don Pepino Il Lombardo escondió a cuatro mafiosos en Lercara.

Apareció un joven caballero montado en un caballo blanco, quien se encontró con tres señores respetables. Don Pepino aceptó la visita, pero dos jóvenes carabineros fueron sorprendidos por un grupo de 50 delincuentes, que los hicieron pólvora.

Un joven napolitano llamado Marcos, quien había matado a su propio padre, portaba varios amuletos y había prometido a la Virgen de la Cadena compartir su fuerza. En Salemi, muchas personas se unieron para defenderse de la Mafia. La banda de Lombardo hizo estragos y desapareció.

Los mafiosos eran el alma de Don Pepino. Temerosos por sus familias, se unen al temido Lombardo. El último día de abril, se transporta en barco el más temido de los bandidos con ayuda política. Los bandidos fueron condenados el 25 de noviembre.

Mientras Lombardo está en África, pasan delante de un edificio del vicecónsul Italiano. Fueron arrestados por cinco policías turcos y llevados a la cárcel de la provincia, bajo la supervisión de la corte de

Assisi. El 28 de mayo de 1868 otro mafioso fue decapitado, condenado por Pugliese tras la revuelta del 20 de agosto de 1860.

Biagio Valvo era el cabecilla. La Mafia empieza y termina con el ministro. Los señores del gobierno de turno, entre 1860 y 1870, estaban relacionados con la Mafia incluyendo un capitán. Tenían caballos, armas y municiones. Siempre estaban bien vestidos y parecían señores del gobierno.

En un discurso del 11 de junio de 1875, se solicitó al gobierno que reconociera sus errores. Envió al general Medici, armado con municiones y armas, para restaurar la confianza en la justicia. El procurador general Nicotera era falso, con vínculos mafiosos en Palermo y otras ciudades al este de Palermo, Sicilia, Florencia y Roma. Usando funcionarios mafiosos, envía al teniente y le informa sobre un escondite clandestino de vino.

El teniente que está cerca de Guccione los busca en todos lados y no los encuentra, pues estaban en la casa de invierno. Apuñalaron a un notario y dos años después, en 1869, el notario repite el juego al mafioso. Entra a la guardia pública de seguridad.

Una mujer denuncia que en el palacio de la marquesa y la condesa Tasca se encuentran objetos robados, y Sebastiano Giotti, guardia público de seguridad, descubre todas las cosas robadas.

El prefecto de Palermo decide llamar a Guccione, un hombre de carácter, para que asuma el cargo de comandante militar, encargado de una cacería para apresar a 25000 al año. Sin embargo, Guccione no acepta el cargo. Lo vuelve a llamar y le dice: «Comandante, vengo a renunciar». Sorprendido, se da cuenta de que su conversación con el prefecto era un secreto de la prefectura.

Hicieron un baile de carnaval con máscaras, donde todos los bandidos estaban allí con los dueños de las casas. Un día manifestó que quería conocer al famoso bandido y un mes después, el barón de Caltanissetta los presenta.

Todos contentos, caminando en las calles de Palermo, asistiendo al teatro y a los mejores restaurantes, Con el hijo del asesino Valvo. El prefecto le sugiere al bandido que, si desea viajar, lo haga bajo un nombre falso.

Un día, Valvo estaba con mal de dientes. Estaba en el feudo Raciura de Alia, fumando, bailando e impacientándose, diciendo todas las mamarrachadas que hacían Valvo y el jefe de la banda. Cambiaron de residencia el 7 de junio de 1873.

Al final el brigadier Bonomo y tres dependientes estaban por Mercatobianco. Cuando llegaron a la casa, vieron a los bandidos. Valvo estaba solo y empieza un breve combate. Un golpe de fusil hiere al caballo en un ojo. Un militar tira un golpe de fusil y se disparó a sí mismo, muriéndose.

Valvo duerme bajo los árboles y se despierta con el paso del caballo. Tiró un golpe, pero ya había muerto y cae a tierra. Otro disparo que hace el militar, un golpe a la escudería. El jefe de la banda, herido gravemente, empuña la pistola y dice: «Muerto me tienes». Estar vivo nunca era la falla que Valvo tiraba a ellos mismos.

Y si ya saltaron el cerebro al final del famoso y tan temido, ha hecho historia el bandido siciliano muerto, Valvo «El feroz». Di Pasquale y Leone prepararon la venganza contra el brigadier Bonomo en la casa de Valvo, el 14 de septiembre de 1873. Hicieron una reunión de grandes mafiosos: Di Pasquale, Leone, Salpietro y Di Carlo, con la Mafia de Montemaggiore, Alia y varios pueblos. Fue en un gran restaurante, donde comieron 50 mafiosos.

El 21 del mismo mes, Bonomo estaba hablando con dos militares rubios cerca de la casa. Cabalgando con dos caballos del Calvario, vinieron a la aldea. Cumplió con el brigadier Natale y compañía amorosa, con las armas del señor Saeli, pronto reconocido mafioso de Cefalú.

Aunque en las vacaciones de Pascua, en abril de 1875, iban a eliminar el dulce nido del teniente Domenico Ilardi, cae en las manos de la fuerza pública y la banda Leone, mortificada por la pérdida del jefe, queda sin campeón.

Paulino Di Carlo fue encontrado muerto en el feudo Cardollino. Se dijo que era el fin de la pobreza. Di Pasquale y Leone eran rivales que estaban en mi propaganda en el siglo pasado. La Mafia moderna, la generosidad y caballerosidad quedan en la oscuridad del delito, en el banco y en la sangre. En el mundo criminal de las mafias no hay gesto de generosidad ni de caballería.

El trabajo era destruido por la Mafia. Se daban permisos de armas a la gente honesta y no le dieron poder ni riqueza.

Musolino era un mafioso de categoría, calabrés y militar. Hicieron con 500 carabineros y 500 delegados, pero fueron 2 carabineros quienes dieron en las manos como zorro en trampa. Al bandido Musolino después lo juzgaron en Toscana y luego lo presentaron en la cárcel de Catanzaro.

Después de 3 años, por pocos millares de liras, por feroz de cualquier corte de Assisi, no tuvieron la aplicación del código penal. El reo había cometido 90 homicidios y 14 homicidios fallidos. 1500 que podrían estar en favor de Sicilia, dándole un poco de ferrovías. Decía que era sangre de caridad, que dispara a traición en el proceso de 1902.

No sintieron horror, sino desprecio a los emigrantes ante su pereza de devolverse a Italia. Quería ver las mafias que no conocía. Los periódicos de Milán, Turín y Génova, diciendo el nuevo acueducto y meridional, los héroes pobres del sur, era del mal la curiosidad de saber.

Pasquali escribe una postal a un amigo, despidiéndose de Musolino, víctima de la naturaleza. Musolino escondido vivía pensando en la existencia espiritual. Había mucho desorden político y moral.

Giuseppe Balamani era un bandido ocasional. Después de permanecer en la montaña entre las ruinas, lo agarra las P.S., el Tribunal de Assisi de Perugia. El asesino de Giordano el Salamon está en prisión.

Su autodefensa presenta una conocida víctima de Giordano, su novia Bonincontro. Recuerda a su madre. Aquello que cuenta Salamon tiene un significado y acaba votando, víctima de la delincuencia, para procurar el bienestar y la felicidad de Giordano el Salamon. Vino asesinado y condenado a cadena perpetua.

F. P. Varsalone era líder de bandidos, a punta de terror y muerte, en Agrigento, Caltanisetta y Bivona. Un pastor de Castrenovo hace extorsiones y venganza, que de chico vivía en la miseria. Empuña las armas y el pájaro del bosque, hijo de bandidos. Su padre es amigo de Pepino Il Lombardo. Fue detenido y asesinado en prisión.

El padre asumió el crimen con la sangre fría de la familia Varsalone. Los jóvenes, cuatro hermanos, murieron en la cárcel. La carrera, un crimen múltiple en 1892. Estaban cerca de muchas instituciones que fueron puestas bajo su protección.

Varsalone tomó el mando y se acercó al jefe de la Mafia de Palermo, el viejo Carlino. Pero Varsalone no era de segunda línea. La banda de Carlino, del barco de Cesaro, operaba valientemente.

El hermano Lanza se encuentra preso en el territorio de Cefalú. Dos jefes rivales acaban con los conflictos entre Carlino, que sólo busca un acuerdo con Varsalona. El acuerdo incluía la condición de asesinar al padre en prisión, reflejando el instinto del crimen y el carácter moral de los hijos y de los hermanos que fueron asesinados en prisión. La carrera fue inaugurada en 1892.

Leonardo Provenzano era cercano a sus directores. Varsalona tomó el mando y recurrió a Carlino como jefe de la banda del lado de Palermo. Los hermanos Lanza de Cefalú, ahora con Carlino y Varsalone, eran mafiosos que se dividieron los territorios de las provincias: Caccamo, Cerda, Caltanissetta, Sclafani, Valledolmo, con Varsalone, con los compañeros Brunogolfo y Guzino en 1893.

La banda respeta a Coletti Runbola, que fue encontrado muerto tres meses después en la casa de Mangiapane Michelangelo. Le secuestran un hijo y acude a las autoridades. Varsalone fije ser extranjero.

Secuestra y libera al secuestrado, haciendo pagar poco a la familia. El ingenioso Mangiapane tiene poca plata y agradece a Varsalone, frente a su esposa, hija y la madre.

A Mangiapane le abruma la vergüenza. Protesta y defiende a Tinito Vitale de Castrenovo, quien sospecha que Varsalone quiere seducir a su esposa, María Barbarino. Se le lleva a amar la bondad.

La Chirezza Vicenza, una de las chicas de Varsalone, fue encontrada muerta junto a Tinito en 1897 y los enterraron uno encima del otro. Muchos cayeron con esta banda: Panepinto Pasquale, el camarada Guardia de P. S. de Valledolmo, y otros como Gamelia, el jabalí Tringaid, y Poliler.

El padre de Montemaggiore, líder de la banda de Varsalone, estaba vinculado al crimen de Gennaura de Alia y Morreale de las cuevas. Los nuevos miembros de la banda desconocen el código penal mafioso, aunque conocen los delitos cometidos por iniciativa suya y el fiscal asociado B. F. Varsalone, a quien amenaza de muerte.

Posteriormente, Dissalfi de Montalbano de Sciara, recibe el perdón y lo entrega al caballero Alfaro de Sciara. Después amenaza a Gennauro con Morriale, secuestra al G. de Alia y pide como condición del padre de Gennauro y Varsalone como defensor del G. de Alia.

Gennaro y Morreale son asesinados y aterrizan en Goldfinch y Carpinello. La cabeza de Gennauro arrojada a los leones en G. en Alia para dar la bienvenida a este acto de feria del Señor de Alia. Varsalone, el primer miembro de la Mafia, está muerto pero seguro que no se encontrará con el P.S. en Alia, el feudo del Vacco furioso. Varsalone lanza los tiros al cielo azul. En Sicilia se habla en voz baja.

Un campesino con riqueza improvisada es un salvaje con un gran capital. Así son los grandes señores de la época, en Alia y sus alrededores. Los agricultores tienen que saber de dónde sale la riqueza. Varsalone consigue el feudo de esta manera.

El Vacco caminaba con Richi Galandomine y lo hirieron en la rodilla. Vino un médico de Valledolmo a tratarlo. «Venía a respirar el aire de Belsito, el Palazzo de los señores», decía. Las misiones de Capobianca se rigen por los bosques y feudos del Barón, protegidos por las autoridades de Palermo.

En el Hotel Cuatro Esquinas estaban los delincuentes. Era un hotel con restaurante, en el bosque de Neuchatel, un hotel de asesinos que mueren como conejos, donde tienen ranas, serpientes, cabras y ovejas. A los clientes se les trata muy bien.

La captura de Varsalone fue en Sicilia. El comisario Ballante, en acuerdo con el prefecto de Palermo De Seta, las patrullas de P.S., buscando al mafioso en las mansiones, con los sótanos cerrados. Simultáneamente, establecieron un premio de 25000 liras.

La esposa de Mercadante y la hija pequeña andaban con experiencia de los mafiosos. Le dieron un susto a la muchacha. En 1904 los hermanos Mercadante eran hombres de 30 años en la mafia. Grisanti y Gervasi, terratenientes de Varsalona, son perseguidos en América para librarnos de los mafiosos.

El 3 de enero de 1904 se cumplen 30 años de la P. S.. Iba a Palermo en carro cuando llegó la última carta de la P. S., alertando que vienen a Italia a esconderse y a buscarle.

El 11 de diciembre de 1934 detuvieron a los periódicos italianos *Virruso* y *Pinello*.

El 15 de diciembre de 1934, la mafia en Andaloro es de Perrarello y el campo atrincherado de Madonie Carlino y Terrarcillo. Gaetanno sufre de rivalidad con el herido de Perrarello y amenaza con puñal a Doca. El sicario mete un papel en el cadáver.

El loco Gaetano Perrarello decide retirarse de la banda tras llegar a un acuerdo con Carlino. «Viví libremente y fui un buen ciudadano», dice Borsini. El mundo está torcido y hay que quedarse hasta el final.

El mando se divide en varios grupos. A Perrarello no le importó la sangre que corría por las tumbas en Andaloro.

El Tribunal Penal se creó en Mistretta, Andaloro, en 1913. Ortolero, uno de los más grandes de la Mafia, era abogado y jefe criminal. Los jueces del tribunal y procuradores del Rey fueron pagados por la Mafia.

Di Salvo es consejero militar de Mamma na Pati, hermano de Scimeca, y está involucrado en operaciones de estudio de Ortolero. Fueron secuestrados provenientes de la isla en 1911 por la Mafia de Mistretta, Carlino y Pisciolo Indicello.

Los últimos días de carnaval, vestido con máscara, avanzaba por las calles de Mistretta, sosteniendo con cuidado su bastón. «¡Viva la mafia!», era su lema mientras los moros perseguían a los bandidos. Utilizaba la barra de subasta pública en el bosque como parte de sus actividades.

Los poderosos de la política, protectores de la mafia, domicilio perfecto, asesinos sin sangre, son llevados ante la justicia, desplomados en Madonia. Gaetanno Perrarello se enfrentó por primera vez a la justicia después de 31 años.

2

EL BANDIDO 1900 - 1950

Al vivir en medio de la Mafia y de los militares, cualquiera asociado con la Mafia miraba las conexiones en Montemaggiore Belsito, donde los bandoleros están del lado de la sociedad. Así encontramos a la esposa maltratada por su marido. Ellos se veían a sí mismos como caballeros y reclamaban al marido el buen trato. Finalmente uno de estos se hizo jefe de la Mafia.

Las mujeres aprenden y abren cafés y restaurantes para educar a sus hijos, cambiando su vida y dándole fuerza a la Mafia. Estudiaban una profesión, trabajaban afuera y a veces en otros pueblos. El movimiento cultural, de teatro y pare de contar.

Toda la Mafia estaba en la mira de los políticos y los militares sabían quiénes eran los criminales. El Mariscal Geralmi había dado un golpe para perseguir a los criminales y en seguida lo transfirieron.

El crimen de sangre se lava con sangre en el bosque de Montemaggiore en 1912. Los malos se apoderaron de los animales del B. Mesi Todaro Salvo y se fueron. La gente quería a sus animales y los ladrones no se los regresaban. Fueron insistentes, esperaban el regreso de sus animales pero no fueron regresados.

Pace Filippo di Giovanni, cuyo sobrenombre era Bagella, prefería en la fuente de Carpinello. Los juegos de Mauro, hierro del jefe de banda Carlino.

El 26 de julio de 1920, el asesino del doctor los mata, un crimen en Montemaggiore. La esposa del asesinado y el mafioso que viaja en el robo ponen fin a la investigación. La esposa, con el pañuelo con sangre, lo deja en su pecho como recuerdo.

El juez Di Biaje le dice: «¿Por qué lo hace?»

«Es mi sangre. Tiene que ser vengado».

Los presentes están conmovidos por tan trágico suceso.

El 17 de agosto de 1931 buscan gente de afuera para la fiesta. Se acerca Stefano Cirrincione, quien fue Rosario de Montemaggiore. Lo amenaza y les deja 1000 liras. El campo arde. Un año después, consiguieron muerto a Cirrincione Andrea de Rosario, en el feudo Gianella. Era un feudo mortal, cómplice de Altavilla que tenía una enfermedad incurable.

El cadáver fue enterrado en el bosque, una tarde de otoño de 1922. Se preparan grandes tragedias en el feudo de Carpinello, en Tragara. La familia Cuggino de Valledolino vive en la granja, donde los niños de dos años ofrecen la perspectiva de una futura felicidad.

Fusilado el 14 de julio de 1912, el pobre pasaba a caballo en el feudo de Cacciabar. Gente vestida de señores les dieron la muerte. La autoridad quería actuar y la P. S. quería vengar al muerto. Una noche, Turillo el Morrealés fue al bosque Magurio. Era un hombre de gran habilidad. Regresaba a la casa con su madre cuando lo sorprendieron y lo atacaron con un arma. Ninguno de los vecinos apareció.

En julio de 1915, el barbero Bernardo Messi es amenazado por tres individuos. Llegaron al Calvario y el traficante Pasquale le dijo que se retirara. Pagó con la muerte.

El 4 de enero de 1918, Todaro Salvatore se encuentra con dos malvados y brinca del caballo. Son iguales la muerte y los vivos.

Antonino de Alimiminusa, Filippo di Miguele de Montemaggiore, Castellone de Musulmeli. Muchos de ellos estaban en América y algunos piden perdón al asesino de Pasquale Domenica. La noche del 1 de mayo de 1919, es asesinado en su casa Pasquale Domenica de 73 años y su nieta. Un robo en la casa de Di Pasquale, de la oficina de R. R., asesinan a varios bajo los ojos de las autoridades.

El 21 de junio de 1920 en pleno día, a las 9.30 en Montemaggiore Belsito, es asesinado el médico Ignacio Salemi con su hermano Gaetano. Le dieron 5 tiros y le provocaron la muerte. Se ve la mayor Mafia de Carpinello y el famoso Santangelo, el casino y los juegos de Bernardo.

En una casa de la fábrica, se divierten dos novios en su idilio. Alquilaron para hacer una fiesta a la comitiva a su gusto, celebrando la felicidad futura. Una banda armada de poderosos, la P. S., llega al restaurante del primo. Hombres, mujeres y niños guiando las vacas, perros y gatos.

El hombre Castilla Giacomo y Stefano, de Montemaggiore, causan una tragedia con dolor. Son los autores del asesinato y amenazan a una víctima de culparlos. Cristina de Pisa, en poder del feudo de Raciura, quería el dominio de Alia. La Mafia no permite que Cristina atraviese la calle Lincoln de Palermo. Al final la culparon de los cadáveres y los delitos de Alia.

Bernardo hace negocios en las estaciones de Roca y Palumba está muerto. La fuerza del caballo que arrastraba a Constanza Giuseppe desapareció. Filomena Guccione del pozo de Ferrara, Caddera Di Gioia, Santo Di Salvo, Antonino Bova, Bernardo Di Piaza, Mariano y su hermano Gullo, Tanara Mascarella, S. Russo y La Mendola. Todos murieron por venganza y son los salvajes herederos del bandido Giuliano. Algo trágico siempre sucede.

Benito Mussolini preparaba a la guardia y preparaba las distracciones de Europa. Había impuesto a Italia grandes sacrificios. Los italianos podían comer 150 gramos de pan al día y 50 gramos de carne a la semana. El pueblo estaba cansado por el hambre e iba al mercado negro para poder comer.

Un día pasaba el joven Salvatore Giuliano de Montelepre, cargado con un saco de granos. Un guardia lo paró, lo arrestó y le quitaron el grano. Víctima de la injusticia, la sangre se le sube a la cabeza. Se arma con una barra y con una pistola y amenaza a los carabineros. Uno muere y el otro es herido de gravedad, por lo que huye a la clandestinidad.

Es el destino de un pueblo, Montelepre, víctima de secuestro. Giuliano quitaba a los ricos y luego entraba en las casas sin que nadie se diera cuenta y dejaba el dinero. Giuliano se hizo un nombre en Sicilia, por ser separatista y anticomunista. Él esperaba que Sicilia tuviera otro gobierno, con justicia y amnistía.

El Coronel Geronazzo del E. L. V. S. lo quiere acusar de un delito y los comunistas apoyan a los carabineros, pero el pueblo lo apoya en todas partes. El 1 de mayo de 1947, en la calle tenía el nombre de Portella delle Ginestre. Fue premeditado cuando Giuliano ordena sostener el fuego con golpes. También estaban el Comisario Trappari y el Capitán Di Salvo.

Se enfrenta su banda de 150 hombres contra 80 carabineros, 22 agentes y 8 soldados. El resto eran civiles. Termina con 18 bandidos muertos, 55 heridos y los demás presos. Se cree que Giuliano es el conductor de Sicilia y que pensaba en una guerra por el retorno a la monarquía y la Mafia.

El Coronel Luca, oficial valiente y famoso en Turquía e Inglaterra, liberó la zona de los mafiosos. Aceptó el duelo pues sospechaba de los amigos. La noche del 5 de julio de 1950, Giuliano entra en Castelvetrano. Al poco tiempo, 500 carabineros fueron ordenados para enfrentarlo. Toman la calle Gagini y una patrulla avisa de dos hombres que vienen adelante, los reconocen y los capturan.

Logra esconderse, inmerso entre los fuegos de metralletas. Entra en un patio donde estaba el carabinero Barsin y en poco tiempo viene la tragedia. Los más temidos de la Mafia, los más grandes jefes de las bandas sicilianas. Así eran los episodios del pasado. Ojalá no regresemos a los estados republicanos, las afirmaciones, las protestas y las actividades permitidas por la autoridad del Gobierno. El recuerdo de Giuliano estará en el corazón de los sicilianos.

Hay que leer esta historia amarga como fábula a los niños, hijos de la mala suerte. Treinta años han pasado y conocí la vida, el mundo, los hombres y cuánto vale un ciudadano.

3

POLÍTICA CONTAMINADA

Las cosas en 1860 estaban llenas de preocupaciones y tormentos, en este pueblo con voluntad política a muerte, decía Capozzi. La riqueza camuflada de patriotismo era un banco de mentiras, representaciones de las tragedias de caballería. Se agota la lealtad y los colores, al igual que los agentes, mientras que las cosas se ponen trágicas para los caballeros.

Eran personajes de farmacia, particulares de otro partido. Aquellos con principios propios de la palabra, pobre gente de la luz de Dante. Era un laboratorio con bienestar gracias a los robos de la Mafia y la mala política pacífica de los ciudadanos. «Era la gran maldad que se enriquece con los pobres desposeídos», dice San Agustín, quien camina entre los que viven y los que mueren de hambre.

El edificador de la Patria, Giuseppe Garibaldi, quiso mucho la agricultura y el sentimiento de 1876. Escribió que su profesión era la agricultura y decía que «Bello es el hombre que quiere a su pueblo». Era un gran luchador francés, que amaba a los árboles, los animales y la gran responsabilidad de la familia. Creía que los brillantes hombres en la medicina eran lo más sagrado en el campo político. Si alguien quiere engañar al pueblo creyéndolo ignorante, los amarraba al lado de un conuco.

Todo está premeditado. Hay una pregunta tradicional y es que tenemos que dejar esta conciencia a Montemaggiore, que son los que reciben los golpes. Las memorias de lo que es falso seducen a la gente buena, mientras los agricultores trabajan por el bienestar de los demás. Varios golpes sin significado en Montemaggiore Belsito.

Manda lo desconocido y arrastra al pueblo honesto a las malas calles. Existe un poder Divino que busca a los malos, las conciencias y mentes de los falsos políticos. El pueblo perdona a quienes no saben lo que hacen, pero no a aquellos que engañan intencionadamente. El exterior va desapareciendo, como un naufragio sin retorno, la cultura y la riqueza también desaparecen.

La personalidad, la gentileza, la energía y el amor a la vida arreglan el corazón. Los políticos no pueden ser educados, tiemblan y no se arrepienten, y sus graves errores hacen un gran daño al pueblo y a la humanidad cansada. La vida era fácil, pero ahora las esposas, hijos y padres sufren. Las pasiones políticas y la búsqueda de riqueza predominan, mientras que pocos hombres razonan y respetan a la familia.

4

EL CÓLERA DE 1837 Y DE 1867

En 1837, Montemaggiore sufre por el cólera con muchas víctimas mortales como Mercurio Teresi, su esposa, el Rey, Filippo Mascarella y el arcipreste Giacomo Vasco. En 1867, la epidemia causó más de 70 muertos en una iglesia. En una misma casa mueren todos: la esposa, el hermano, el hijo, los padres, el amigo.

Los años 1837 y 1867 son de muerte. Se deja al lector por pensamiento unánime con el suspiro de la naturaleza. El campesino continuaba con su trabajo mientras las mulas caían víctimas del cólera. Los jóvenes eran los primeros y era imposible la cuenta. Afectó al solitario, al loco y a las consagraciones de las iglesias. Era terrible. Las tumbas se guardaban pues no había tiempo para enterrarlos. Esta es la historia del cólera y que Dios nos agarre confesados.

5

HOMBRE ILUSTRE

La historia de la humanidad está formada por artistas, guerrilleros, tiranos, filósofos, libertadores, poetas de variedad, legisladores, científicos, grandes místicos, grandes delincuentes. Son poco responsables ante la muerte y toca a historiadores y críticos examinar el carácter indomable particular de la vida. El ilustre que influyó en las máquinas, dos volúmenes de la historia y los sueños. Las palabras dicen «quema la carta» y el personaje con afecto eterno. A través de los siglos perdura la bella edad.

En Montemaggiore, el ilustre Monseñor Mercurio María Teresi, arzobispo de Morriale, nace el 10 de octubre de 1742. Fue un arcipreste reconocido por su moral. Tres años de pontificado, nuestro Teresi vivió en Morriale. El 18 de abril de 1805 derraman lágrimas sus fieles por su muerte, quedando profundamente afectados. Sus restos fueron llevados a Montemaggiore y permanecen como una preciada reliquia en su templo, noble pueblo que no olvida su preciosa alma.

En 1926, se encontraba en la escuela de Morriale el profesor Di Gesú, custodio y administrador de la catedral. Transforma la capilla, reforma la S. S., el crucifijo de la catedral, las dos tumbas y la reliquia. Durante la reforma del sótano del Arca Teresi, impone cerrarlo y no abrirlo más. Se solicitó la presencia del colega Di Gesú en el ilustre sentimiento religioso. Monseñor Ruperti llevó las recomendaciones al pueblo.

Di Gesú comunicó a S. E. Monseñor Filippi, Arzobispo de Morriale, la virtud de Teresi el ilustre. El pueblo de Montemaggiore y sus campesinos son responsables del consenso. En la fiesta de Morriale, venía el automóvil acompañando al arcipreste, quien llegó a la casa del párroco de la Catedral, en Salemi. Fue un ilustre ciudadano. La palabra que la pluma escribe en la historia de Alia, queda grande a los religiosos. Nosotros estamos al día. Tenemos lo que donamos y el bien que hacemos a los demás.

6

TENIENTE CUTRONA

Nuestros patriotas de Montemaggiore ofrecen su servicio a la patria para prevenir la esclavitud. Recordamos al Teniente Cutrona, que nació el 27 de diciembre de 1827. Estudió en la Universidad de Palermo, obteniendo el diploma de Agrimensor en 1857. Se afilia a la guardia nacional en 1848 y es sargento de artillería de la A. N. de Sicilia, por mérito de Guerra.

Combate en diversas campañas de la unidad italiana y obtuvo tres medallas. La primera fue de bronce, entre 1848 y 1849. La segunda por la liberación de Sicilia de la Italia meridional, en 1860 y 1861. La tercera por la batalla de Compatute, en 1860 hasta 1866. Fue graduado de Villafranca. El General F. Perrinenco elogia a Cutrona y escribe: «El señor Cutrona Salvatore fue el benemérito patriótico de un buen patriota».

7

PROFESOR GIOVANNI SALEMI

El Prof. Salemi fue una figura histórica. La familia inteligente del profesor Giovanni Salemi de Montemaggiore se mueve a Palermo en 1940. Para ver la obra valiosa de este ilustre conciudadano, me limito al periódico de Sicilia hasta el día de su muerte, el 8 de febrero de 1930. El profesor Giovanni Salemi era una figura noble, ciudadano ilustre de Palermo y estimado por sus doctrinas, sus dotes admirables y su ingenio.

Salemi fue un gran ciudadano, profesor emérito ordinario de mecánica aplicada a las construcciones, con la tarea de enseñanza de topografía y geografía. Fue director de la Escuela de Ingeniería y miembro del Consejo Superior de la Instrucción Pública. Por años fue presidente del Colegio de Ingeniería y Arquitectura. Fue asesor de LL. PP., bajo la administración cívica de Notavartolo y comisario FF. SS., además de miembro del comité de exposiciones de 1892.

En el pasado fue activista ilustre y apareció con amor apasionado de los millones de cabezas y corazones. Le hicieron al amado científico un saludo al alma reveladora de las dotes del instinto. Podesta Marchese Maurigi, profesor griego del sindicato de los ingenieros.

8

CAPITÁN MÉDICO DOCTOR DAMIANO DRAGO

Los hombres grandes de sentimiento elevado sobre el calvario. Dios se complace en llamarlos y acompañarlos al sepulcro. El dolor y la aventura en el hombre hasta el sepulcro. Somos mendigos de la tierra que abraza al hombre.

Arquímedes, condenado a la ciencia y asesinado. Cicerón, en Galilea, fue martirizado. Virgilio, fuera de la patria que adoraba, se sacrifica para liberarla. Masso fue abandonado a la deriva en Roma. Colón muere cargado de cadenas, afuera de las ruinas de Cartagena. Chenier muere en la guillotina en el 99, en Francia. Milton, ciego. Beethoven, pobre, sordo a los 30 años. En la cárcel, Toscalo, pobre y maldito.

Peligro en la cárcel y la muerte como satélite. Los hombres sopranos y grandes corrieron con la muerte con coraje. La muerte fue inoportuna, conseguía lo suyo y no llegó perfecto. Todo lo implementado se lo llevó el viento. Solo la fuerza gobierna al mundo. La religión de Cristo que se da al final de la vida con dolores y justifica la muerte. Jesús de Belén en Gólgota, viendo la sangre.

El código de trabajo de la humanidad, el panorama de la otra tumba, a toda la vida el dolor del calvario. En frente de la muerte están las gratificaciones del amor, la grandeza es el sello que consagra la fama. Surcado todavía por el rayo, por el futuro estamos nosotros.

El capitán médico Drago nació en Montemaggiore Belsito el 9 de octubre de 1901. Su padre sentía la necesidad de dejar recuerdo de la nueva vida y antes tener hijos, le habló como un jóven fuerte: «Vas a salir por la guerra». Infatigable en la vida por ir a una guerra, busca volumen de Cesáreo que está bien esculpido, que rige el ánimo del padre cuando tú, con las ganas, vendrás hacia la juventud en vagas ansias.

Suspendido estaré en la fría sombra del descenso de la muerte y nunca te volveré a ver. Tal vez las cartas industriales que escribí te dirán el sueño donde fui preso de amor, de historias ofrecidas por el corazón traído en silencio. Tú no conocerás la vida en la que levantarse es una batalla, pero quien es honrado con gentil linaje audazmente le corresponde llegar allí. Va sin batalla en armas de coraje, honesto pero decidido. Aquí está el camino del joven, grabado en su alma y memoria paterna.

A los 22 años, después de graduarse en medicina y cirugía en Palermo, presenta los exámenes incluidos en la carrera con el máximo de alabanza. Después de la vida intensa y lleno de cariño familiar por el bien de la patria, los jóvenes capitanes doctores, los encontramos de aurelio glorioso. En los jóvenes militares, el biógrafo doctor Giovanni Mogavero supo la naturaleza del carácter de la justicia. El más grande intelectual se encuentra en el pueblo de Roma, el 5 de octubre de 1933. La ciudadanía siguió.

Papá no tenía fuerzas por la enfermedad del capitán Damiano Drago, con dolor de muerte llegó a Palermo la noche del 26. Su alma fue transportada a Montemaggiore por la ciudadanía en un coche fúnebre y el dolor acompaña al alma. En la Madre Iglesia al día siguiente, el funeral, acto solemne del cual fueron partícipes el pueblo y la autoridad. En un saludo al doctor y a las autoridades, Mogavero Giovani elogia a los superiores y al corazón del instinto.

Hablaron el abogado Gaetano Salemi y Giovani Salemi, agradeciendo a la ciudadanía su significativo gesto, participando en el funeral gratuito en homenaje al capitán Drago. Fue un joven brillante que en 1924 entró a la carrera de asistencia sanitaria militar, a los 28 años. Recibe el grado de capitán doctor de Italia, por su disciplina y deber cumplido. Es recordado con dolor, pues Montemaggiore perdió por enfermedad tropical a su hijo pródigo.

Era el mejor del batallón de oficiales en el piróscafo, a cargo de la juventud y la comunidad profesional. El Ministro de Guerra B. Mussolini le da la distinción de honor por muerte al servicio, de fecha Roma 23 de noviembre de 1915, firmado por el propio ministro y enviado por telegrama a la familia. Verdaderos oficiales de artillería armada, se ha perdido al comandante Drago y a generales. El comandante Guido Verona avisa que murió el comandante general Drago en Casteltermini.

Con dotes familiares, la muerte de padres y hermanos causa profunda conmoción en los ciudadanos y la alcaldía de Montemaggiore Belsito y Militello. La vida es trágica. La vida fácil y el optimismo desaparecen de la rueda de la ilusión, que carga vertiginosa. El Ser Supremo es el máximo creador. Todo se puede al final. Grandes misterios dispersos por la vida, entre tumbas y cámaras. La memoria de los muertos arden e iluminan nuestra gran ópera. Carducci para los muertos.

9

CORONEL MÉDICO EMILIO MILITELLO

Laureado en medicina en Nápoles, entra en la carrera militar y en 1917 obtiene el grado de teniente coronel. Estuvo en la campaña de África en 1895 y 96, así como en el extremo oriente en 1912 y en expediciones en 1911. En la última guerra sufre una enfermedad que le causa reposo en la reserva militar. Durante la guerra obtiene la Cruz de Caballeros en el órden del S. S. M. de la Corona de Italia. Muere el 11 de enero de 1945.

10

MONSEÑOR DOCTOR RAFAELE ARRIGO

Laureado teólogo y abogado en el ateneo, Seminario Romano en 1901. Profesor de Teología en el Seminario de Patti y después en Cefalú. Arcipreste de Montemaggiore, su pueblo nativo. En 1904 fue nombrado abate de Santa María de los Ángeles. Fundó la casa Santa Ángela de la monca Orbolano y la maestra Pia Filippina. Reforma la casa parroquial y el pueblo recuerda que escribió un volumen llamado Senador Animarum: la vida de monseñor M. M. Teresi Davide. 1932, Florencia, las beatificaciones de Teresi.

11

MEDALLONES MONTEMAGGIORE

Muchos hombres se precipitan en la fugaz resistencia que provoca un atardecer. Mucha tristeza, los hombres de la miseria. El hombre que tiene un impulso, aunque informa a sus compañeros sin supervivencia. Muchos se equivocan en su vida. En Montemaggiore hay hombres que viven de los antepasados, viven de sacrificio, de honor y gloria. Sin menor nada, alguna gente da testimonio de estar viviendo en tranquilidad.

12

PROFESOR CAPITÁN MÉDICO GIUSEPPE MENDOLA

Se hizo médico en la Universidad de Palermo. En su carrera militar fue capitán de Marina. Estudió en la mejor universidad docente de patologías especiales quirúrgicas, de la Universidad de Roma.

13

PROFESOR FRANCESCO BIONDOLILLO

Con una gran profesión literaria científica, estuvo en polémica el procurador Francesco Biondolillo. En la propuesta literaria italiana después experimentó en el campo de la poesía. Periodista en el volumen de los poetas, es crítico compositor. Próximo a todo estudio en las publicaciones Macarronea de Martin Corai.

Spinello Verticone habla de Biondolillo en el periódico de Italia el 16 de septiembre de 1981. La unidad espiritual de La divina comedia, Historia de la literatura y la estética italiana gótica, esperan ser publicadas. En 1923 es docente de literatura italiana con las calificaciones del examen en la R. Universidad de Palermo y el alto trabajo universitario literario de Roma. Biondolillo fue un hombre completo, muy severo en los estudios, padre en la palabra y la familia.

14

DOCTOR PROFESOR PIETRO DRAGO

Hombre de cultura y filósofo, iluminando la realidad de los jóvenes de 21 años en Palermo. Estudia filosofía y letras. Su misión era presidir el gimnasio de Cagli en Montemaggiore. Fue profesor en el Liceo científico de Perugia y docente de la universidad. Publicó La mística kantiana; Messina casa con el G. principado en 1929; Las notas a Berg, poeta en 1930; Ética de concreto de Bologna y Emiliano en 1932; Génesis del problema fenomenológico, Milano Editores principado en 1933; Hebbel, Roma Editores A. F. Formigoni; Inmortalidad y supervivencia, filósofo internacional, Logos Napoli en 1933; La Sicilia en 1945; E. L. L. Ediciones Libera Italiana.

Otro volumen por la estampa, con muchas críticas y apreciaciones de los mejores estudios de hoy. Leer revistas italianas, las últimas publicaciones. El juez lee del mensajero Padano el 16 de noviembre de 1933 un largo artículo sobre las interpretaciones de Habbel. Dice Pietro Drago que ha llegado a revivir el drama humano artístico.

Federico Habbel era un gran representante de la cultura moderna. Las producciones habbelianas, con instrucciones de simpatía del argumento cumplido, hicieron levantar en Drago un perfil muy importante. Eso era lo necesario. El ánimo duro del gramático alemán fue el impulso energético para el periódico literario *Buadrifio* de Roma.

El 15 de noviembre de 1933, *Palermo Literario de Hoy* unió la biblioteca y la filosofía del Doctor Amato, incansable de la bella palestra de conferencias en recuerdo de las comunicaciones de Pietro Drago. La escritura dinámica de treinta años, filósofo de alto nivel, funciona como un guante para el académico italiano S. E. G. Marconi. El 21 de abril de 1934 celebra el natalicio de Roma.

El 5 de noviembre de 1933, los premios de Mussolini cuentan con la presencia de S. M el Rey. 1662 competidores académicos, extranjeros y profesionales. Pietro Strada, Palermo publicaciones filosóficas por 2.000 liras, ver periódico del mensajero nocturno.

El 24 de abril de 1934, Pueblo de Roma, periódico de Sicilia. Después la academia de Italia hace la promesa al Rey Emperador del *Duce*, ganando el premio de L50.000 Pietro Drago, en Palermo.

Periódico *La Stampa*, 22 de abril de 1942. Según el periódico de Italia, Drago tiene los mejores cerebros y las tradiciones de Palermo del Renacimiento.

Spinoza, 11 de febrero de 1929, Giordano Bruno. Fasc III fuestrancello de cabra VII, Revista Civil de Ruggiero Roberto. Las instituciones civiles en Messina, 1930. La nueva Italia. Historia de las religiones. 12 de noviembre de 1930, la filosofía, el derecho de los africanos. 1932, Historia moderna de Florencia, Reseñas Nacionales, Federico Habbel. El vandalismo, Roma 1338.

El 28 marzo 1935 hace un espléndido examen de la Universidad de Roma y se titula. Comienza la docencia para jóvenes en la cátedra de Filosofía en la Universidad de Turín y después en Roma, en 1947. Lo conseguimos en las misiones del Gobierno, en el área de propaganda de la cultura italiana por dos años. La propaganda de las misiones intelectuales diplomáticas, las ilustraciones de la patria nuestra, con mucho aprecio a la gran patria. Sicilia es muy cultural y hay muchos periódicos italianos que quieren actividad en Italia.

Leer Handela Ochg, 20 de febrero de 1948. Uppsala Uga Tidning Onsdagen, 25 de febrero de 1948. Goteborg Morganpos, 20 de febrero de 1947. El europeo, 7 de noviembre de 1948.

15

SACERDOTE ABOGADO EMILIO DRAGO

Nuestro querido amigo Emilio Drago, joven culto con perfil religioso, tiene el coraje de hacer el trabajo misionero en los grandes rangos, al lado de Dios. Animado como religioso por el servicio al Señor a los familiares. Es jesuita con estudios, feliz y con las mejores aspiraciones. El periódico, 10 de diciembre de 1932.

La juventud de Roma, 23 de octubre de 1932. Los abogados jóvenes que el Señor los llama a la última guerra, los fieles combatientes del regimiento. La Segunda Guerra Mundial, dos criminales de guerra y combatientes de las ruinas. La participación de las grandes familias ayuda a los muertos, heridos y moribundos. El capellán tenía que andar y más si estaban enojados.

Los combatientes le dieron el nombre de Coronel comandante del X regimiento de los *bersaglieri*. Los oficiales salieron de la cárcel del Estado, dicho por el oficial del regimiento en África en siete naciones. Son puestos a la admiración todos ustedes de Ain Gazala. Terminan los mejores de los militares del regimiento como combatientes.

Siempre al lado de la batalla, socorriendo a todos, busca el reconocimiento en el campo de batalla. Lo hicieron preso en Agedabia, con el destino de los demás, primero a Salluk y después en Bengasi. Predicó el bien de todos en Bengasi, en el campo de concentración con las tropas. Obtuvo el permiso de circulación de las autoridades inglesas y modificó los alimentos a los presos, pues en los primeros tiempos no les daban comida los militares del regimiento. Cuando fueron a otra parte, continuó la asistencia para aliviar el dolor. Se escondieron en Gebel con varios *bersaglieri* liberados por las tropas. Regresó al regimiento por asistencia de la moral espiritual a los militares del presidio en Agedabia.

16

MONSEÑOR DOCTOR LIBORIO SCACCIA

Nació en Montemaggiore Belsito el 26 de julio de 1910. Realizó sus estudios en el Seminario Pontificio Romano en Roma y fue ordenado sacerdote en 1933. Se graduó en Derecho Económico con altas notas en cultura y trabajó en la Santa Sede como secretario y auditor en Bolivia, Uruguay, Argentina y Paraguay.

Después de nueve años, en 1948 fue nombrado Secretario de Estado con misiones diplomáticas. En su pueblo Montemaggiore, es un ciudadano manifiesto en todas las acciones de carácter de formación de la sociedad. La mayor aventura de un pueblo con riqueza, con todos los honores, es el orgullo de un pueblo civil y próspero.

De carácter noble, posesivo, inteligente y preparado para la cultura, se siente orgulloso y satisfecho de dar a una masa incomprendida. Así, la gente pensante, profesionales con estudios e intelectuales se van del pueblo. Mientras tanto, al pie de los cerros los pueblos siembran vegetales. Todavía se ven casos y esperan que se transforme el mundo animal.

Hay cuatro pueblos hermanos y religiosos, que hacen fiestas solemnes a los difuntos. Los sentimientos religiosos, humanos y civiles ayudan a la confraternidad, así como el trabajo golpeado de los viejos. Hay que limitar el servicio de los infelices y malvados.

Montemaggiore Belsito, con una superficie de 2.064 hectáreas y una población de 7.500 habitantes, no tiene relaciones relaciones con otros territorios fronterizos. Caccamo Aliminusa de Sclafani cuenta con 1.072 habitantes en 13.506 hectáreas para el año 1944. Es necesario el sentimiento de justicia y civilidad en común con otros pueblos, incluso aquellos municipios que apenas tienen unos siglos de antigüedad. Un territorio microscópico, el municipio de Antonino Militello en 1925, se distingue por su cultura, justicia y patriotismo, apoyado por el buen gobierno del Rey.

En 1928 se amplían las circunscripciones territoriales con las debidas documentaciones, pues la ciudadanía espera justicia de la ilustre fuerza de Militello. Se cierra el círculo de Belsito. Lo reconocieron en Montemaggiore por sus méritos de hombre ilustre que la historia recuerda, superando a Termine.

Alia recuerda al Doctor Cardinale, en compañía de Dios, profesor de Literatura Griega, Latina e Italiana, y al S. E. el Doctor T. Guccione, profesor de Anatomía Patológica en la Universidad de Sassari. Aliminusa y Milone también son reconocidos como valientes juristas. Caccamo destaca a Lafate en Faso, filósofo y biólogo, así como al ilustre profesor Addo.

Según Giuffré, profesor de la Universidad de Palermo, los demás países viven sin recuerdos. En estos pequeños pueblos lo recordamos, amándolo por el pasado, por el presente y el futuro. El culto de la memoria no es solamente afecto, es un deber, es amor a la patria con sentimiento bélico. Los ciudadanos no deberíamos avergonzarnos.

17

LOS HIJOS DEL DELINCUENTE
(ROMANCE HISTÓRICO)

Cada hombre y mujer tienen sus romances. El periódico cierra la tumba, lágrimas crueles en el silencio, lo cruel de la publicidad. Ni pensamientos, ni piedad de amores, de compasión. La vida del dolor a las tragedias, dramas sin soluciones y sin clamores ignorados en el silencio. La metástasis conocida se tiene que intentar, que por la vida brilla.

Verla y seguirla, una estrella solar, una brújula sincera. La virtud al sacrificio de la oscuridad del pasado. Un romance que muestra que el amor del hombre ofusca la mente, el corazón y el alma. El deber del hombre, en el delirio cede al hombre Plegano. El mal tiene que hacer su deber.

El primer encuentro. Muerto el día en el distrito de Sicilia, un rojo de púrpura inflamaba la cima del mundo. El cielo tranquilo, en el aire palpitaba oscura la oración de la esperanza, con el silencio y la melodía de las campanas de la iglesia. Llegaban en campaña, invitan a la oración y llaman al poeta. El amor que nos une a la vida, que siente el dolor y la tristeza, la felicidad y la melodía. La puerta de lo desconocido y la tristeza, la agonía a la luz.

El rostro está turbado. Luigi está pensando, con ojos al cielo y suspiros. Mi pregunta, más las preocupaciones y pensamientos. ¡Cuántas preocupaciones tristes! Mal augurio del pasado.

No hable mal de nuestro país, de la bella Italia. El amor a la patria mía, sería delito hablar mal de la patria. El sepulcro es nuestra muerte, la falta de amor inmenso. En el pecho no pesa el corazón y la vida es una punzada de melancolía, es como una lámpara funeraria.

Mattiucho me debe creer. No me puedo acercar al país y me rompe el corazón este viaje, en retorno a esta bárbara guerra. En la infamia pesa el juicio de Dios.

Luigi está silencioso mientras se ilumina el cielo.

- «Azota al caballo», dice Mateo y lo amenaza, acompañado de truenos, de sangre y de lluvia.

Hace falta un refugio de caballos en el pueblo de Alia. En el periódico se encuentran la civilidad, las amenazas y parientes crueles, los halagos, la tregua, los asesinos, la tortura, los viajes, la campaña y el encuentro con el Señor.

Mi padre fue conciudadano de este país. Tuvo un nombre infeliz y la última palabra que sabes es la mala fortuna de vuestra familia. Me perdona, joven, pues la mala suerte tocó vuestra puerta. Conoce a los ricos, no conoce a Dios. Son malvivientes. Reclamo el honor de mis padres, ya que ustedes son jóvenes y pueden alcanzar las metas en la primavera de los años. Puedo escuchar la voz de los jóvenes confundidos y me lleno de lágrimas por mi vida infeliz.

Se aparece en la puerta una niña vestida de blanco, que parece divina, con ojos profundos y suave belleza. Luigi estaba atónito. Era la muerte y vida de sus pasiones. Los dos jóvenes se levantan respetuosos con reverencia profunda. Son hijos de aventuras familiares. Señores, la palabra es bella y querida, aventura y garbo.

Luigi no supo responder. Recordó la esperanza de vida y los jóvenes agradecieron al viejo con mucha hospitalidad. En una habitación, unas flores de vida y una profunda reverencia. Anna dijo:

- «Dale las flores a los jóvenes infelices, que quieren pasiones por el silencio. Las promesas de amor se fueron».

Llegó Luigi, dio la última buena mirada a la niña en sus ojos. Abajo, el corazón de Matteo lleno de sarcasmo, calla cuando ve a la niña, solamente los ojos negros y profundos. Se lee toda el alma negra y una magia en el corazón.

Te amo. Todavía el último domingo de carnavales el cielo se llenó de estrellas, porque amaré con lo profundo del alma, sin cesar. De boca profunda, el agua de la fuente un nombre pronuncia. Prefiere un nombre soñado: Luigi. Incesantemente en los labios, la patética luna sufre en silencio, hermosa.

Lentamente, con la mirada a la luna, desde la ventana entran los rayos de sol. Se lleva la mano al pecho, el suicidio de la Gioconda, se abandona en una poltrona la pobre niña de los ojos negros. Anna le dice:

- «¿Por qué siempre estás sola? Madre, necesito de tu consuelo, de tu consejo, de tu ayuda».

Siendo la madre, abraza a los hijos con emoción.

- «Ana, hija mía.¡Cuánto te amo!»

La madre nunca habló así y la niña se abandona a su madre con fuerte abrazo al corazón y la cara llena de lágrimas.

- «Madre, soy infeliz, me pongo triste», exclama.

- «Habla, hija, habla», dice besándole la cabeza.

- «La primavera pasada estábamos bien. Hoy es un furioso huracán que enloquece y se puso a ser hospitalizado. En la noche, vestido elegante, todo está bien. Lo escuché la primera vez, narrando los pasos a mi padre».

- «¿Cómo, hija mía? ¿Todo esto me lo escondiste aquella noche? ¿Por qué no me dijiste? Deja la esperanza y dirígete a ti misma a aquel hombre, tu amor, que te hará feliz».

- «Madre mía...»

- «Olvida a ese hombre desventurado, mi dolor, sus palabras y su apariencia. Aquel hombre nunca te amó. Él no se apareció a todos los ojos. Pobre niña, tienes que resignarte. Recuerda que tu primo Giacomo te ama con locura y puede hacerte feliz».

- «Él me quiere, pero no lo amo y en la tercera vuelta lo siento en las orejas. Giacomo es rico, pero no quiero su riqueza».

- «No lo llames, hija. Habla porque vive, imagina. Es imprescindible el entusiasmo en los jóvenes, como la belleza que adorna el corazón», así habla la madre adolorida.

La sala, el piano iluminado, el carnaval en la más grande sala del Doctor Guccione, valiente profesor de música. En la inmensa fiesta, una niña enamorada sentada en una esquina. Sus rosas, sus labios entristecidos y un suspiro sabio y misterioso.

- «Tú eres la reina de la fiesta. Con este baile siento que soy feliz».

El muchacho se sienta al lado de la chica. Es un joven de treinta años, bajo y grueso, oscuro de piel, rudo y vulgar en todos sus movimientos. Se acerca a la joven y dice:

- «Eres la reina de la fiesta. El baile lo preparé en mi casa, pensando en tu felicidad. Eres hermosa».

Lejos de la fiesta, esto fue fuego ardiente en el ánimo de la chica. El primo le dice:

- «¡Vil! No me insultes los ánimos».

La pintura y la escultura, el vestuario de gusto y belleza. Se acerca al piano y empieza a tocar ampliamente solo las notas de Berlín. Ese año, por todas las máscaras no va a su sitio. Se pone una cinta verde y canta, con gran aplauso. Solo Anna no bate las manos. Frente a la máscara se ve conmovida e inquieta, como cuando los dos corazones se conocen.

Luigi se quita la máscara.

- «Sí te conozco», dice la chica. - «Quiero decir muchas cosas, aunque a mí también me gustaría hablar».

Luigi se pone la máscara y aprovecha y se acerca a Anna, diciéndole al oído:

- «Dulce paloma, muchacha. Las flores de mi vida, el primer beso».

La noche era oscura y Luigi, envuelto en una capa, va a la casa de Anna, viendo de lejos esos juegos en la plaza con grandes pasos. La muchacha era el ángel consolador. Anna, Luigi, los dos nombres se pronunciaron con un susurro. Va a un establo, donde consigue una lámpara de aceite, una mesa y varias cosas para cabalgar. Dice el joven de ella amado:

- «Anna, alma de mi corazón, soy el más feliz. Cuando me viste por primera vez, me sentí infeliz pensando que me rechazabas. Te amo», le dice. - «No es martirio ni tormento, pero la otra noche no te sentí. Vivo un mal tormento en nuestro corazón. Madre mía, me quedo cerca de ti».

- «Tu madre no está enferma, ahora está bien».

- «Mamá está con arrugas y el pelo despeinado. Mi madre es una buena señora, no es una gran señora frívola. Es una señora buena, llena de afecto y grandeza. La batalla continúa, la vida, el horizonte de mi juventud», así hablaba Luigi.

Mucho calor, un solo techo, un suspiro. La figura del padre consolaría los dolores y la tristeza. Ese es mi sueño, mi esperanza de juventud. El viejo visita los caballos y regresa a dormir. Con la presencia de verse otra vez mañana, los dos amores se miran con pasión y se dan el primer beso. Luigi está en la calle. Anna mira hasta que desaparece y se aleja rápido.

Luigi está sentado a la mesa, leyendo la obra de Mazzini Eugenio, el más querido amigo. Con el periódico en mano, Eugenio dice «Pobre Italia. ¡Qué vergüenza!». El alma estimada y muchas víctimas. Luigi toma el periódico de Sicilia y lee varios telegramas. La patria, el sitio se impone. Éramos mártires. Italia ignora la falta de confesiones. La canción de Italia, «Capitolio», que estropea Cartaginense. En el mundo, las ferias que doblan las rodillas.

Frente a los romanos, con muchos enemigos y lugares difíciles, puede morir la vida que me dieron los italianos. En Europa, los griegos andaban gloriosos, 300 cadetes en Termópilas. Italia recuerda los valerosos muertos en Novare y Solferino, en San Quintino. Napoleón llamó valerosos a sus soldados que murieron con las armas en mano, de las pirámides de Rusia y Francia. Después el gran problema de César y Pompeya. Los valiosos muertos en Novara, los Galiani, son miles y miles de muertos en la lucha, con las canciones de Italia en los labios.

Luigi vio la carta con su dirección. ¡Cómo me sentí feliz! Cerca, el pensamiento incesable, el soprano de mi corazón. «Luigi te has ido. Luigi, partiste y me dejaste el recuerdo, el amor. El consuelo de mi corazón está en la tierra fría, en el sol que te calienta, en el frío que te golpea. Me dejaste sola con las imágenes en el corazón. ¿Cuándo nos veremos, amor mío? Tengo que decirte muchas cosas».

Luigi lee las hojas, profesando: «Bella criatura. Ella me ama con sentimiento. El corazón palpita de amor, siendo fuego y llama en mi corazón. Ahora piensa para contestarme. Lee y relee, amor». El tramo al César, el futuro en las manos de Dios, los ojos para ver el corazón, para llamar la vista muy lejana.

«El hijo del delincuente me quiere», dice Anna apretando las manos, sin permiso. «Luigi, te quiero mucho. Aunque yo te amo, ya papá y mamá se encuentran con compromiso de matrimonio y regresas tarde. Luigi, te dedico una oración. Los bienes son el fruto del deleite cuando me acuerdo del piano».

Ahora la chica se pone a tocar el piano con gran facilidad. Luigi mira con pasión. Ya no vivía en ese mundo, el séptimo cielo de Dante. Le pone un beso en la mejilla y Anna se sonroja, sonriendo. «Me siento feliz, me abrazan mis oraciones», dice Luigi. «La carta que escribí tenía muchas cosas que decirte, mi amor».

Luigi le dice a la chica:

- «¡Corre! Viene papá. ¡Sálvate! No veo otra salida, habrá valido el sacrificio».

En aquel momento lo pone en un vestidor. Anna corre en las habitaciones.

- «No veo otra vida», dice la chica.

No sabe y se encadena por el brazo. Luigi la lleva al vestidor y le dice:

- «Debes esconderte. Quédate la llave».

Anna avanza en el espacio. Había hecho un delito y muerto, no supo recibir a los tíos. La música la invitó, el afecto, el invitado escondido, el hijo poseía a la muchacha, que se asusta con sentimiento.

- «Papá, ¡qué dices!», exclama la palabra.

- «¡Qué chica inexperta que no conoce la vida! Somos asesinos de la familia, parientes de los ladrones y delincuentes, habitantes de Montemaggiore».

El bandidaje anuncia la víctima de la muerte si es bajo el jarrón de pandoro. Tierra de muerte, anuncio de la víctima.

Anna es ingenua. Muchos halagos, escucha por un buen tiempo y consigue miles. No conoce la autoridad del padre. Anna, las palabras de tu padre, ocupado y sin aliento. La tempestad del corazón, la oración, la madre sola, el marido, los oídos que sostienen el suspiro. Asegura ya el lecho. Aparece agitado, con los ojos a la facha con piedad.

18

PERIÓDICOS Y LIBROS

Todos los periódicos de Italia contra los magistrados:
- *El sole*, 3 de diciembre de 1901, 21 de diciembre de 1901, febrero de 1902, 9 de marzo de 1902.
- *Il periodico di Sicilia*, 6 de agosto de 1902, 2 de septiembre de 1903, 6 de octubre de 1903, 12 de febrero de 1094, 27 de agosto de 1903, 16 de mayo de 1901.
- *La tribuna*, 4 de septiembre de 1903.
- *Il secolo Milano*, 3 de septiembre de 1903, 9 de septiembre de 1903, 20 de septiembre de 1903.
- *La bataglia*, 13 de septiembre de 1903.
- *La torbice*, 24 de septiembre de 1903, 4 de octubre de 1903.
- *Resto del quartino*, 10 de septiembre de 1903.
- *La Difesa*, 7 de febrero de 1904.
- *Domenica del corriere*, 20 de septiembre de 1900, 2 de enero de 1936.

La fuerza mayor que sofoca va completamente en la oscuridad. Un pueblo, la infeliz víctima. Saludo restituido de la solidaridad humana habiendo afecto.

- Carlino, 10 de septiembre de 1903.

Delincuente civil por salvarse de una larga condena. Sobre los culpables, con ojos al cielo, remordimiento amargo e infelices por toda la vida.

El bandidaje militar y civil en Sicilia. La verdad está por saberse. Don Pepino secuestra víctimas de la banda. Condena a Biagio Valvo, jefe de la banda. Los soldados a caballo, mantenidos del gobierno de turno y la mafia de la autoridad en contención. El prefecto. Muerte de Valvo, todos bajo arresto.

ACERCA DE LA AUTORA

Teresa Di Sclafani De Nasca nació en Italia. También ha vivido en Venezuela y en los Estados Unidos.

OTRAS OBRAS DE
TERESA DI SCLAFANI DE NASCA

- *El mundo según Teresa Di Sclafani*
- *El diario de Teresa Di Sclafani*

    Cada uno está disponible en castellano, en inglés y en italiano.

www.ingramcontent.com/pod-product-compliance
Lightning Source LLC
Chambersburg PA
CBHW052131030426
42337CB00028B/5115